AF232920

LUH-YING-TCHI LI.

LES RÈGLEMENTS MILITAIRES

DE L'EMPEREUR KIA-KING,

PAR

M. DE HARLEZ.

EXTRAIT DU JOURNAL ASIATIQUE.

Au commencement de notre siècle, tandis que Napoléon Ier organisait ses puissantes armées et les conduisait à des victoires multipliées par des prodiges d'audace et de savante tactique, à l'autre extrémité du monde, le souverain d'un empire de trois cents millions d'hommes cherchait à réorganiser ses forces militaires pour rendre à sa puissance la solidité et l'éclat qu'elle avait eus sous ses prédécesseurs.

Ébranlée par des révoltes redoutables, par des attaques incessantes de corsaires nombreux et hardis, la puissance du monarque mandchou qui régnait alors sur l'Empire chinois avait été sur le point de s'écrouler et lui-même avait failli y perdre la vie [1]. Les révoltés en voulaient surtout à la dynastie étrangère qui s'était imposée par la force aux peuples de l'empire du Milieu, et qui se soutenait principalement par sa garde armée, répandue partout pour maintenir l'obéissance aux maîtres étrangers.

Les dangers que l'empereur avait courus dans cette explosion violente du sentiment national lui avaient fait comprendre la nécessité de réorganiser et de renforcer sa puissance militaire qui assurait son pouvoir et sa vie.

[1] L'empereur, attaqué par les rebelles jusque dans son palais, dut combattre lui-même pour échapper au glaive des assassins. C'était du reste un prince peu estimable, menant une vie de Sardanapale.

C'est pourquoi il fit publier une longue série de règlements destinés, dans son esprit, à assurer le rétablissement de la discipline, l'accomplissement des devoirs qu'elle impose aux chefs de l'armée et à leurs subordonnés, et à maintenir sous la main du prince des troupes bien habituées aux exercices militaires, prêtes à entrer en campagne et à combattre avec succès.

Pour cela, il chargea un comité d'officiers et de magistrats supérieurs de rédiger un projet et de le lui soumettre.

Cela fait, il y donna son assentiment et le fit publier en code de lois. C'est le recueil de lois et règlements militaires que nous avons entre les mains et dont nous voulons dire quelques mots à nos lecteurs.

Ce code fut rédigé, à la fois, en chinois et en mandchou; il forme huit *piens*, petit in-folio, d'étendue différente.

Le texte que nous avons sous les yeux est le texte mandchou. Les huit *piens* ont respectivement VI-58, 87, 85, 84, 75, 75, 63 et 51 folios. Les feuillets I à VI du tome I en forment la préface, contenant l'indication de l'ordre impérial, de son but, de son exécution, de la présentation du projet au souverain et de sa ratification.

Il porte la date de l'an VII (6 du 11ᵉ mois) dit *Saicungga fengsen* ou « prospérité brillante », ce qui correspond à *Kiaking*, le titre d'année de l'empereur connu sous ce nom en Europe; et en Chine, sous le titre posthume de *Jin-tsong jui*. On y trouve toutefois beaucoup de décrets de son père Kienlong (*abka-i wehiyehe*) et même de Yongtcheng, son grand-père [1].

---

[1] L'armée dont il est ici question et pour laquelle sont faits ces règlements est ce qu'on appelle *luh ying*, l'armée verte, ou de l'étendard vert (*luh*), c'est-à-dire l'armée chinoise proprement dite, qui constitue la grande masse de la force militaire des Chinois et compte environ 600,000 hommes. Elle est ici distinguée d'un autre ensemble de corps de troupes qui est le cœur et l'élite de l'armée, le boulevard de la puissance mandchoue, et que l'on appelle les huit bannières (*jakôn gôsa, pa-ki*), parce que chacune a une bannière

Notre recueil porte le double titre, chinois de *Luh ying tchi-li* « lois des offices militaires », et mandchou de *Hese-i toktobuha cooha-i jurgan i baita-i kooli bithe* « Livres des coutumes des affaires de droit militaire constitué par édit ». Chaque tome ou *pien* est composé de nombreux chapitres généralement très courts. Le premier, en ses cinquante-huit folios, en compte plus de trente, se rapportant aux rangs et grades, aux avancements et dégradations, au remplacement d'un officier par l'autre, au tribunal militaire.

Il serait long, fastidieux et inutile de donner les titres de tous ces chapitres ou d'en indiquer les sujets, plus encore de *commettre* une traduction complète de ce recueil. Nous nous bornerons à quelques extraits de nature à donner une idée de sa disposition et de son contenu. Comme on s'y attend du reste, ce ne seront point ceux d'un code militaire dicté par Frédéric le Grand ou Napoléon. Nos lecteurs n'oublieront point qu'avec lui ils sont en Chine et non en Europe.

Le texte orignal fourmille de fautes typographiques souvent assez graves et embarrassantes.

d'une couleur spéciale, ou plutôt il n'y a que quatre couleurs, mais chacune se subdivise selon que la bannière est simple ou frangée. Les corps des bannières se composent de Mandchous, de Mongols et de Chinois établis en Mandchourie, divisés d'après leur nationalité. Ils forment la garnison de Péking, du Pe-tche-li et des places principales et sont soumis à des règlements particuliers. Cette division en *gôsa* date de la monarchie mandchoue originaire. Chaque bannière, comme chaque division de l'armée chinoise, est divisée en aile gauche et aile droite, et chacune de celles-ci a sa série complète d'officiers et de généraux de la droite et de la gauche d'après l'ancienne idée chinoise qui partageait les ministres, grands officiers et historiens même attachés à l'empereur, en hommes de gauche et de droite.

LIVRE PREMIER.

CHAPITRE PREMIER.

LISTE DES OFFICIERS.

1ᵉʳ rang de 2ᵉ ordre : *Tituh; Tsiang-kiun.* — *Fi-deme kadalara amban* (général gouverneur[1]).

2ᵉ rang, 1ᵉʳ ordre : *Tu-tong.* — *Uheri kadalara amban* (commandant général).

2ᵉ rang, 2ᵉ ordre : *Fu-tu-tong.* — *Aisilame kadalara da* (son lieutenant).

3ᵉ rang, 1ᵉʳ ordre : *Tsong-ping; Yin-wu-tsan-ling.* — *Adaha kadalara da* (adjoint au général de brigade).

3ᵉ rang, 2ᵉ ordre : *Fu-tsiang. Hiao ki tsan-ling.* — *Dasihire hafan* (colonel).

4ᵉ rang, 1ᵉʳ ordre : *Tsan tsiang. Fu hiao ki tian ling.* — *Adanara hafan* (lieutenant-colonel).

[1] Chaque corps d'armée est divisé en fractions auxquelles on donne nos dénominations européennes de brigades, régiments, bataillons, etc., le tout assez improprement, car les divisions chinoises n'ont pas un nombre de soldats constant et l'ordre progressif descendant n'est pas régulièrement suivi. Le régiment a, en général, 40 compagnies, chacune de 25 hommes; 100 hommes font un bataillon. Tout le corps des officiers est partagé en neuf rangs ayant chacun deux degrés. Le 1ᵉʳ degré du 1ᵉʳ rang ne figure point ici; il appartient au ministre, aux membres de la haute cour militaire. Les doubles noms que nous donnons ici sont ceux des officiers soit chinois, soit des bannières. Nous avons d'abord le gouverneur général militaire, ayant à côté de lui le gouverneur civil de la province qui le contrôle et commande lui-même, parfois, les armées. Après lui le commandant des corps d'armée, son suppléant, le général de brigade, etc.

5ᵉ rang, 1ᵉʳ ordre : *Sheou-pi. Yeo-ki. — Tuwa-kiyara hafan* (major).

5ᵉ rang, 2ᵉ ordre : *Tso-ling. — Minggatu* (commandant de garnison [1]).

6ᵉ rang, 1ᵉʳ ordre : *Men-sze. — Duka i minggatu* (commandant de porte).

6ᵉ rang, 2ᵉ ordre : *Ying-tsong. Wei tsien tong. — Karmangga i minggatu* (commandant de poste).

7ᵉ rang, 1ᵉʳ ordre : *Tsien-tsong. Hiao ki hiao. — Baksatu* (lieutenant).

8ᵉ rang, 1ᵉʳ ordre : *Wai wei ying tsong. — Tule araha minggatu* (sous-lieutenant).

8ᵉ rang, 2ᵉ ordre : *Wai wei tsien tsong. — Tule araha baksatu* (sergent [2]).

9ᵉ rang, 1ᵉʳ ordre : *Wai wei pa tsong. — Wai tsong* (sous-officier adjoint).

---

[1] Il y a, outre les grandes villes, une foule de forteresses plus ou moins considérables, de petits fortins et même de simples postes militaires ou camps. Les tribus aborigènes ont des officiers spéciaux, comme on le verra plus loin. Elles se trouvent principalement dans le Kan-suh, le Sze-chuen, le Kiang-si, le Yun-nan et le Kouei-tcheou. Notre livre cite les *Miao-tze*, les *Kur-ke*, les *Fan-tze* et les *Kurokin*. Elles ont leurs lois spéciales. Les *Miao-tze* sont, ainsi que les *Fan-tze*, au Kouei-tcheou.

[2] En dehors du corps des officiers.

CHAPITRE II.

REMPLACEMENT DU *FIDEME KADALARA AMBAN*, GÉNÉRAL GOUVERNEUR.

Quand ce poste vient à vaquer, on doit choisir le remplaçant du général qui l'a quitté parmi le groupe de dix généraux formé des deux commandants en chef des deux ailes et des chefs de régiments des huit bannières, en suivant l'ordre de la solde. A la place du nouveau titulaire on fera monter l'un des commandants militaires généraux de province, en suivant l'âge, et l'on devra présenter un rapport à l'empereur à ce sujet.

CHAPITRE III.

REMPLACEMENT TEMPORAIRE DU GÉNÉRAL EN CHEF ET DU *TU-TONG*.

Si quelque motif ne leur permet point de remplir leurs fonctions, on devra confier le sceau du premier au commandant en chef du canton voisin. Si l'on est près d'un chef-lieu de gouvernement, ce sera au gouverneur lui-même.

Le sceau du second sera donné au *fu-tu-tong* le plus voisin. Si celui-ci est trop éloigné de la garnison ; ce sera au *fu-tu-tong* voisin.

On devra donner connaissance de la chose aux généraux remplacés et régler le tout selon les convenances.

Si, pour quelque motif, ce mode de remplacement ne peut avoir lieu, on nommera un autre officier capable et l'on en informera la cour militaire.

LIVRE II.

CHAPITRE PREMIER.

Les officiers des bannières qui auront été employés accidentellement dans les camps[1] pourront après cela recevoir un grade et avancer en rang comme les officiers du camp, s'ils sont habiles à manier l'arc, la lance, à combattre à pied et à cheval, et à faire tout le service du camp. Si cette dernière condition manque et qu'ils ne soient pas non plus propres pour les fonctions extérieures du camp, on devra les renvoyer au siège de leur bannière, où ils reprendront leurs premières fonctions et avanceront selon les coutumes de ces corps.

CHAPITRE II.

Si quelque poste d'officier vient à vaquer, qui ressort du droit militaire du Pe-tche-li, on suivra l'ordre suivant :

Pour le ti-tuh et le commandant général, on choisira en premier lieu un officier de bannière; pour les second, troisième, quatrième cas, un officier de l'armée chinoise.

Pour les autres officiers on alternera. En premier lieu on prendra un officier de bannière; en deuxième et troisième, un officier de camp. Pour le quatrième on choisira dans les bannières; pour les cinquième et sixième, dans les camps; pour le septième, dans

---

[1] Ici les garnisons des troupes chinoises.

les bannières ; pour les huitième, neuvième et dixième, dans les camps.

S'il s'agit de la nomination d'un officier de bannière, venant à son tour, on fera faire le brevet par le tu-tong auquel cela compète d'après le droit.

On choisira, après l'avoir examiné avec soin, parmi les officiers de bannière, employés sur la frontière, quelqu'un qui connaît parfaitement les exercices et affaires du camp et on le nommera, en faisant un rapport en haut lieu. A la place de ce dernier, promu de cette façon, on nommera un officier pris parmi les troupes de la capitale [1].

LIVRE III.

(Fol. 44.) Quand on doit nommer un officier de bannière, le choix doit être fait en tenant compte du temps de service actif du candidat.

Dans ces nominations, on doit d'abord examiner soigneusement à qui le tour revient dans les bannières et les deux ailes. On doit d'abord tenir compte du nombre ; puis, de trois nominations, deux doivent se faire au profit d'officiers qui ont fait une campagne, la troisième seulement pour les autres.

Si dans la bannière il n'y a aucun officier qui ait fait la campagne, on pourra, pour une fois, passer le tour des premiers et nommer parmi les seconds. S'il survient un cas de remplacement où l'on ne doit

---

[1] Corps d'élite des bannières gardant Péking.

pas rester dans les limites de la bannière ou de l'aile[1],
on suivra la même règle.

Si, parmi les officiers qui ont fait le service de
guerre, il n'en est point qui se soit distingué par sa
bravoure et son habileté au maniement des armes,
on devra en informer avec toute sincérité la cour
militaire et ne point prendre prétexte du tour venu
pour faire avancer, sans souci des suites, quelqu'un
qui ne mérite pas confiance[2].

LIVRE IV.

Le livre IV donne une série de règles propres aux diffé-
rentes provinces. En voici des exemples :

1. (Fol. 6o.) S'il vient à vaquer un poste du rang
de gouverneur ou général de brigade en second du
Kiang-si, ou de général de brigade des camps de
Kuang-sin et Ou-tcheou[3], ou de colonel des camps de
Kiang-shan[4], Fou-liang, Ou-ning[5] et Yong-sin[6], ou
de major jusqu'à tu-tong de Kiou-kiang[7], on nommera à leur place respectivement, en choisissant
parmi les commandants généraux, les fonctionnaires,
les gouverneurs du ressort, les généraux de brigade,

---

[1] Mais nommer quelqu'un d'un autre corps, comme on l'a vu
plus haut.

[2] *Houan.* Litt. faire avancer en se confiant négligemment sans s'assurer.

[3] Au Kouang-si.

[4] Au Tche-kiang.

[5] Au Kiang-si.

[6] *Idem.*

[7] Au Kouang-tong.

les lieutenants-colonels et majors, conformément aux règlements.

Si l'officier ainsi promu ne parvient pas à rétablir ou maintenir l'ordre parmi ses nouveaux subordonnés, on devra, après qu'il aura dénoncé ces méchantes gens qui troublent l'ordre, le faire descendre de deux rangs.

2. (Fol. 65.) Pour remplacer le lieutenant-colonel commandant de la ville de Ku-ke au Shan-si ou le major du camp de Fong-tchouen[1], le gouverneur compétent devra choisir un des officiers de race mandchoue.

Pour remplacer le gouverneur du Shan-si ou le général de brigade en second, on choisira parmi les fonctionnaires de ce gouvernement, ou les généraux de brigade de la province, quelqu'un qui connaît parfaitement tout ce qui concerne les camps, qui aura une pratique éprouvée, et l'on s'assurera de ces qualités par une enquête minutieuse.

3. (Fol. 67.) S'il s'agit des postes de lieutenant général de la passe de King-tze, de colonel commandant du camp de Teng-sin, de lieutenant-colonel des forts de Nei-hoang[2], ou de major commandant de la ville de Lu-shi[3], les fonctionnaires de la préfecture et le général commandant devront se réunir et délibérer afin de choisir sûrement un officier

[1] Au Kouang-tong.
[2] Au Kiang-si.
[3] Au Shen-si.

vertueux, capable, zélé, connaissant parfaitement toutes les exigences du lieu, au niveau de sa position, pour le promouvoir à la place de l'autre.

S'il n'en est aucun qui réponde à ces conditions, ou devra présenter un rapport et en choisir un autre conformément au décret souverain.

DES FONCTIONS CONFÉRÉES PAR FAVEUR POUR CAUSE DE MALHEUR [1].

(Fol. 84.) Lorsque, pour l'aider en un malheur, un Chinois a reçu une fonction de faveur de moitié avec un fonctionnaire héréditaire, il doit s'instruire conformément aux règlements et se présenter de lui-même pour être renvoyé dans sa province [2], y être incorporé dans un camp, une garnison, et s'y instruire. Si, après trois ans, il a acquis une parfaite connaissance du maniement des armes et de tout ce qui concerne le camp, on devra l'envoyer à la cour militaire et quand il s'y sera présenté, il recevra une fonction de la cour elle-même où l'on présentera un rapport et l'on attendra qu'il reçoive du pouvoir supérieur une nomination dans sa province.

Si c'est un capitaine ou un lieutenant qui est dans ce cas, on l'enverra s'instruire dans un camp, et après

---

[1] A un lettré distingué dans ses examens, à un personnage méritant, ou fils d'un fonctionnaire digne de récompense, mais réduit à la misère.

[2] Après sa nomination, il retourne chez lui s'instruire des devoirs de la fonction confiée, puis reçoit un emploi déterminé dans une compagnie. Il n'a d'abord qu'un titre sans exercice.

une année révolue, on ne le renverra pas à la cour, mais on l'avancera en grade sans autre formalité.

Les lieutenants-colonels, majors, capitaines et lieutenants et autres officiers ordinaires doivent être répartis entre les camps pour s'y instruire, et après cinq ans révolus, jour pour jour, s'ils sont exercés à toutes les vertus militaires et au maniement des armes, et dignes de considération, on devra les faire avancer en grade selon leur tour, leur temps de service, dans le camp de leur province[1], s'il s'agit de majors et officiers supérieurs, et quant aux autres, dans le camp de leur endroit. Si, zélés d'abord, ils deviennent ensuite négligents, et de là faibles et inintelligents, indignes d'entretien et d'attention, on devra les destituer et les renvoyer chez eux. Si, reconnaissant leur insuffisance, ou tombés dans l'impuissance, ils demandent eux-mêmes leur retraite, faites examiner la chose et accordez-leur de se retirer.

Si, choisis à l'examen, ils deviennent infidèles à leur devoir et rebelles, que leurs chefs constatent ce qui en est, les dénoncent aux généraux et gouverneurs, fassent un examen sévère de la chose et les punissent sévèrement. Aux lieutenants et capitaines devenus vieux ou tombés dans le malheur, que l'on donne pour chacun une double ration et solde de cuirassier à cheval. A ceux qui ont été renvoyés à l'instruction, que l'on donne la ration et paye d'un

---

[1] A la garnison du chef-lieu ; les autres, dans celle qui est la plus proche de leur endroit natal.

cuirassier à cheval et le fourrage du cheval, mais rien de plus qu'à un soldat ordinaire.

Les lieutenants-colonels et majors seront traités comme les Chinois pourvus de postes héréditaires et recevront les mêmes provisions.

LIVRE V.

DÉCRET DE YONG-TCHENG.

Des officiers en deuil.

(Fol. 8.) De Yong-tcheng, la 13ᵉ année, le 10ᵉ mois. Décret suprême.

Moi, lorsque je me suis assis sur le trône, j'ai porté, dans le décret publiant les faveurs qui descendent du trône à cette occasion, que tous les officiers tant mandchous que chinois, tant de l'intérieur que de l'extérieur[1], depuis le premier degré jusqu'au neuvième, obtiendraient tous un titre. J'ai voulu encore étendre cette grâce, pour tous, aux fils qui augmenteraient la gloire de leurs parents et fortifier la sainte pratique d'accomplir parfaitement les devoirs de fidélité et de développer la piété filiale. Aussi, comme l'ancienne coutume était de ne point accorder de titre aux fils qui seraient en deuil de leurs parents, après y avoir bien réfléchi, je n'ai point voulu que les officiers en deuil de père et mère et qui, conformément aux lois de l'empire, accompliraient leurs devoirs de piété filiale pendant le temps

____

[1] Du Pe-tche-li ou des autres provinces.

de deuil[1], fussent dans la même position que les fonctionnaires qui auraient perdu leurs places parce qu'ils auraient demandé un congé et se seraient retirés chez eux.

C'est pourquoi j'ai voulu que les officiers en deuil reçussent une nouvelle grâce en rapport avec leur place ; car s'ils illustrent leurs parents par leur conduite et, malgré cela, restent sans titre à cause de leur deuil, il y a quelque chose de contraire à la justice dans ce fait qu'ils ont ainsi à souffrir de leur malheur.

Par conséquent, que la cour dont ils dépendent examine leur situation et, leur accordant un titre en rapport avec leur grade, leur permette ainsi de mener à terme leurs *pensées de piété filiale*.

Décret suivant. . . an xiii, 1 2ᵉ mois.

J'ai ordonné par un précédent décret que les officiers en deuil de leurs parents fussent pourvus d'un apanage convenable. Mais ce n'est point assez.

Il y a des officiers qui ont demandé leur retraite pour pouvoir entretenir leurs parents et rentrer chez eux. Or, tous ceux qui ont sollicité cette permission et ont quitté leur poste pour entretenir leurs parents, trop vieux pour se suffire à eux-mêmes, sont, par suite des lois sur les fiefs, assimilés à ceux qui ont leurs parents dans une situation difficile et sont comme eux sans ressource.

---

[1] Tout fonctionnaire qui perd ses parents doit abandonner sa place pendant le temps du deuil. L'empereur lui-même ne gouverne pas avant la fin du deuil.

Ils sont vraiment dignes de pitié. C'est pourquoi j'ordonne qu'ils soient tous pourvus selon leur rang et que leur piété filiale soit ainsi comblée de joie.

RÈGLES GÉNÉRALES DE LA COLLATION DES TITRES[1].

1. (Fol. 14.) Le décret accordant un titre à tout officier qui l'a sollicité doit sortir son effet du jour même de sa publication.

2. Les officiers en faveur de qui un décret de collation de titre a été porté ne pourront avoir qu'un seul titre pendant une même fonction, et un seul titre posthume.

3. Les officiers qui n'ont point obtenu de titre par les décrets antérieurs et que l'on aura présentés à l'empereur pour en obtenir un, selon leur grade, non seulement en recevront un, mais ce titre comptera pour le grade qu'ils avaient lors des décrets précédents et, s'ils changent de grade, ils pourront obtenir un nouveau titre.

4. S'ils viennent à être élevés en grade, ils prendront le titre attaché à ce grade.

5. S'ils reviennent à leur ancien grade, ils reprendront leur ancien titre; s'ils changent de fonction, ils changeront également de titre.

6. Ceux qui n'ont pas encore effectué le change-ment peuvent demander le titre du grade qu'ils ont

---

[1] Voir les deux dernières pages et la note 2, p. 104.

à ce moment, pour eux et pour leurs épouses ; mais pas celui du grade qu'ils ont en vue d'obtenir.

7. Si, avant la concession de l'édit accordant le titre, ils montent en grade, ou changent, ils ne pourront plus obtenir le titre lorsque cet édit aura été publié.

8. Lorsqu'un officier a demandé le titre d'un grade et qu'au moment où l'édit paraît il sollicite un avancement, on devra lui refuser cet avancement et le renvoyer devant le grand conseil pour le faire rester à son grade. S'il a déjà acquis le titre et rendu les insignes de son grade antérieur, on les échangera.

9. Tout officier malade et en traitement, n'occupant pas actuellement ses fonctions, sera privé du droit de porter son titre.

10. Si, après avoir acquis le titre pendant qu'il occupait encore son poste, il vient à mourir de cette maladie, même après avoir quitté ses fonctions, il lui sera conféré le titre de ce grade et le titre posthume convenable.

11. Lorsque l'on accorde un titre de vie ou posthume à un père ou à un grand-père, en considération de ses enfants ou petits-enfants, si la fonction de ces enfants était élevée et celle de leur parent inférieure, on conférera à celui-ci un titre en rapport avec le rang du fils. Dans le cas contraire, on ne peut

décorer le père ou grand-père du titre de son grade[1]. On ne peut décorer ainsi un père encore en fonction ; mais s'il est mort après avoir cessé ses fonctions, on pourra lui donner un titre de vie et posthume.

12. A un père ou à une mère qui a deux fils on accordera un titre en rapport avec le grade le moins élevé de ces deux fils.

13. S'il s'agit d'une femme pour qui l'on demande un titre en raison des mérites de son fils et que le mari de cette femme ait été aussi officier, on accordera à celle-ci le titre du grade moindre.

14. Toute femme qui recevra un titre en raison des mérites d'un fils ou petit-fils y ajoutera le terme de *lao* (sengge) « senex »[2].

15. A un mort dont le grand-père paternel ou maternel, ou bien le père, vit encore, on ne conférera pas de nouveau titre plus élevé.

16. Si l'on donne un titre à une mère, on devra conférer le même à sa grand-mère, à sa mère propre, à sa mère adoptive[3].

17. S'il s'agit d'une épouse[4], on ne décorera en même temps que l'épouse principale.

---

[1] C'est à la seule considération du fils que le père est honoré de cette distinction ; c'est le rang du fils qui en est la mesure.

[2] La vieillesse étant un titre au respect, être qualifié de *lao*, c'est être d'autant plus respectable.

[3] A une femme secondaire de son père qui l'a élevé.

[4] Épouse secondaire. Il ne convient pas qu'elle soit plus élevée en rang que l'épouse principale, ni que les autres épouses secondaires participent à ses honneurs.

18. Si l'épouse principale est morte sans titre et que l'on doive titrer une épouse secondaire, on devra donner un titre posthume à la première.

19. Chaque fois que l'on signalera et titrera un officier, pour éviter toute omission ou erreur, il devra présenter lui-même sa demande et ses titres, par écrit, au grand conseil et recevoir là-dessus les distinctions méritées.

20. Tout individu qui, même après l'édit de concession, aura perdu sa place pour une faute, ou aura été abaissé de rang après les examens, ne pourra plus recevoir de titre. Mais si son grade lui est restitué, on lui donnera le titre afférent.

21. Tout individu qui aura perdu son grade parce que son grand-père ou sa grand'mère, son père ou sa mère, a commis un des dix crimes : adultère, vol, concussion, corruption dans les examens, abus d'autorité, etc., ne pourra obtenir un grade.

22. Celui qui aura contracté mariage sans observer les rites, ou qui aura épousé une veuve[1], une courtisane, une chanteuse ou une concubine, ne pourra obtenir aucun titre.

---

[1] La veuve qui se remarie manque à son devoir, selon les idées chinoises ; celui qui l'épouse commet une faute et ne peut, par conséquent, recevoir des honneurs (V. *Siao-hio*, v. 107). « Concubine » femme de mauvaise vie.

LIVRE VI.

**DES OFFICIERS MANDCHOUS COMMANDANT DANS UN CAMP ET RE-
TIRÉS DANS LES CORPS DE BANNIÈRES À CAUSE DE L'ÂGE
AVANCÉ DE LEURS PARENTS.**

(Fol. 63.) Les officiers de Gôsas employés dans les camps extérieurs [1] et qui, à cause de la vieillesse de leur parents, demandent à changer de place et à être employés dans la province la plus proche de la résidence de ces parents, doivent être renvoyés aux bannières et recevoir un poste dans leur région originaire. Si on les a nommés à un poste plus élevé dans une province éloignée et qu'à cause de leurs parents ils doivent rester à leur première place, on arrêtera leur nomination, et leur changement et on les laissera dans le camp.

DES OFFICIERS MALADES.

(Fol. 70.) Les ti-tuh et commandants généraux, vieux et malades, demandent à être déchargés de leurs fonctions; mais si leurs forces n'étant point affaiblies par l'âge, ils se retirent chez eux uniquement à cause de leur maladie, lorsque celle-ci sera guérie, l'inspecteur général de leur région ou le gouverneur devra examiner leur état et en faire rapport.

Si l'état de l'officier s'est amélioré là où il s'est retiré, aussitôt après sa guérison, l'inspecteur général de sa province ou le gouverneur constateront le cas et feront un rapport; ils les enverront à la cour

---

[1] Dans les forteresses des frontières.

militaire où ils devront se présenter, et l'on attendra le décret souverain qui fixera leur sort.

Si, passé des bannières au camp, un officier tombé malade obtient de rentrer dans les bannières quand il sera guéri, on agira comme au cas précédent.

LIVRE VII.

(Fol. 44.) Les ti-tuh et commandants généraux des provinces extérieures ne peuvent point se servir de litière[1]. S'ils ont passé les septante ans et ne savent plus aller à cheval, on devra examiner la chose et solliciter un décret. Si, venant à la capitale pour les affaires de l'État, ils arrivent en un lieu où il n'y a pas de chevaux ou que, dans le pays où ils passent, l'eau pluviale ait rendu la circulation impossible aux chevaux, ils pourront user de litière. Si des lieutenants généraux ou leurs adjoints et les officiers inférieurs se permettent d'aller en litière, de leur chef, destituez-les.

LIVRE V, 2ᵉ PARTIE.

DE L'ARMÉE DE MER.

(Fol. 28.) De Kia-king, la 5ᵉ année, le 10ᵉ mois. Décret suprême.

Moi (l'empereur), j'ai examiné soigneusement les vrais règlements de l'empereur Kao-tzong[2] le parfait;

---

[1] C'est un acte de mollesse indigne d'un officier et corrupteur de la vertu militaire. Dans ses décrets aux huit bannières, Yong-tcheng se plaint de ce que les officiers font porter leur sabre par un serviteur marchant à côté d'eux.

[2] *K'ien-long*, père de *Kia-kin*.

d'après les décrets de l'insigne empereur Shi-tzong[1], bien connaître la nature du service de mer et comprendre parfaitement ce qu'on en apprend est pour les officiers une chose très difficile.

Faites donc connaître et publier partout ce qui suit :

« Si l'armée de mer est en nombre restreint et celle de terre ferme très nombreuse, on doit appliquer une partie de cette dernière au service maritime.

« S'il y a grand nombre de soldats pour les camps de mer, il faut les y employer tous.

« Si le service de terre exige une très grande quantité de troupes, il ne faut pas changer à la légère et employer le surplus dans les corps maritimes, contrairement aux intérêts de l'armée. »

J'ai toujours observé avec respect ces paroles du grand Empereur, les préceptes de mon illustre père sont clairs et lumineux ; ils ont été répétés maintes fois.

Le service des troupes de mer est bien différent de celui de l'armée de terre. Si donc on trouve des hommes éprouvés à la vie des marins, on pourra leur faire gravir les rochers, comme parcourir les terrains plats ; ils sauront faire tous les mouvements d'avancement et de recul de la tactique.

Si ces hommes éprouvés au service maritime sont employés sur la terre ferme, ce sera perdre ce qu'il y a en eux d'essentiel pour utiliser l'accessoire.

---

[1] *Yong-tcheng*, son grand-père.

Échanger donc ces soldats expérimentés contre d'autres qui n'ont point ces qualités, c'est une chose
funeste dont les conséquences sont extrêmement
graves.

Maintenant que l'on est occupé à une enquête sur
l'état des côtes et leurs besoins, on doit s'appliquer
à exercer les soldats de marine comme à une chose
essentielle [1].

Que tous les ti-tuh, gouverneurs, commandants
généraux examinent soigneusement tous les officiers
de marine. Qu'on n'emploie plus sur terre ceux d'entre
eux qui connaissent bien leur métier. Qu'on les in-
struise et les exerce encore avec soin et activité.
Qu'en les proposant à une nomination, à un avancement, on ait soin de tenir compte de leur science
et habileté.

Les employant ainsi selon leur vertu et leur ca-
pacité, on retirera tout l'avantage possible de leurs
services.

(Fol. 43.) S'il est dans l'élite des troupes de mer
un capitaine adjoint [2] qui ait servi cinq ans sans
commettre aucune faute, qui sache parfaitement
conduire un vaisseau et ses troupes, que ses chefs
fassent un rapport à son sujet et le présentent à la cour
militaire, puis qu'on l'envoie dans le Fou-kien avec
le titre et l'emploi de major (*minggatu*). S'il désire

---

[1] Précédemment on employait les soldats de marine au service
de terre et l'on ne faisait pas de distinction tranchée entre ces deux
corps.

[2] Surnuméraire, aidant et remplaçant le titulaire.

rester où il est, qu'on en informe la cour, qu'on l'envoie aux autorités compétentes et qu'en cas de vacance d'un poste de major en sa province, on l'y nomme et l'y établisse.

S'il vient à vaquer un poste de capitaine adjoint, qu'on choisisse avec soin et nomme un lieutenant adjoint dont la conduite et le zèle ont été parfaits.

Pour remplacer un lieutenant adjoint, on choisira un matelot habile qui aura subi heureusement l'examen prescrit. Il portera le bonnet simple, recevra les rations et s'exercera comme aide de camp du capitaine. Après en avoir informé la cour militaire par le rapport prescrit, on l'inscrira et on lui donnera le livret d'officier adjoint.

(Fol. 63.) Si quelqu'un, depuis les fonctionnaires quelconques jusqu'aux étudiants qui s'instruisent à la maison, se permet pendant un deuil de trois ans de se marier, qu'on lui retire toute charge.

Le huitième livre est entièrement consacré aux tribus non chinoises et d'abord à leurs officiers et fonctionnaires, aux fonctions héréditaires, aux distinctions et récompenses accordées aux soldats et officiers de ces tribus qui se sont distingués dans le service militaire, à ceux qui ont été blessés ou sont tombés sur le champ de bataille, ou sont morts d'une maladie contractée au service militaire, aux rations accordées aux soldats de ces tribus.

Après cela, il traite des ravages exercés par les brigands, des châtiments à infliger, de la réparation des dommages, de la surveillance mutuelle des fonctionnaires civils et militaires des tribus, de la circulation et migration de ces peuples de la répression des escrocs chinois, de la corruption des fonctionnaires dans ces tribus, des extorsions par menace commises par les soldats et magistrats sur les commerçants qui vont chez les Miao-tze, du châtiment des Miao-tze voleurs et de ceux qui les aident, des magistrats des tribus qui n'arrêtent pas les criminels, de la vente d'armes aux gens des tribus barbares, aux Fan-tze et aux Kurokin, de ceux qui contractent des dettes envers les Miao-tze, leur font des prêts ou en reçoivent d'eux, ou achètent leurs terres, de l'excitation des troubles et vengeances chez les Miao-tze barbares du Kouei-tcheou et du Ho-kouang, enfin de ceux qui délivrent par la force les Miao-tze coupables et arrêtés, ou qui arrêtent ceux qui vendent des hommes, les mains liées.

Voici quelques spécimens de ces dispositions :

Le 1ᵉʳ chapitre énumère tous les rangs et grades des fonctionnaires des tribus. Les récompenses dont parlent les chapitres 3 et 4 consistent en avancement en grade et titre et en haussement de solde.

RÉCOMPENSE AUX SOLDATS TOMBÉS EN COMBATTANT.

(Fol. 16.) Pour les fantassins du camp vert (chinois) ce sera 50 yans[1] d'argent. Pour les Fan-tze auxiliaires, seulement 25. Mais si ces derniers ont combattu les Kur-ke, comme en gravissant les montagnes, en traversant les précipices, ils ont beaucoup souffert, on étendra cette fois la faveur et ils recevront 50 yans comme les soldats réguliers ; ainsi on leur témoignera pitié et bienveillance. On doit en effet distinguer les mérites importants des légers. Que ce soit la règle désormais et qu'on la fasse connaître.

Quant aux officiers des tribus qui seront tombés

---

[1] Yan, taël, once d'argent.

blessés sur le champ de bataille et auront succombé, on accordera[1] : s'ils sont du 3e rang, 250 yans ; du 4e rang, 200 ; du 5e rang, 150 ; du 6e rang, 100 ; aux 7e et 8e, ainsi qu'aux soldats décorés du titre de *Baturu*[2], on donnera 50 yans.

En outre, on les enterrera selon les coutumes du camp.

Quant à ceux qui auront reçu simplement une blessure, s'ils sont portés au 1er rang, on donnera 15 yans ; au 2e rang, 12 1/2 ; au 3e rang, 10.

Si les officiers et soldats qui ont mérité ces récompenses n'ont ni femme, ni enfants, ni parents ascendants ou collatéraux à qui l'on puisse les donner, on remettra 2 yans aux commandants de leurs corps ou au gouverneur de leur région.

Les officiers morts de leurs blessures recevront une élévation de titre, à laquelle un de leurs fils succédera, mais pas un second ; et cela du 3e au 7e degré. Le 8e degré n'aura que la rétribution précédemment indiquée.

---

[1] A leur femme, ou à leurs parents, fils, etc.

[2] *Baturu*. C'est la coutume chinoise d'accorder, en guise de titre nobiliaire ou de décoration, le simple droit d'ajouter à son nom un qualificatif, indiquant le genre de mérite acquis : «sage, brave ou pieux». Cela forme un vrai titre de noblesse. Ces titres sont conférés par le souverain, parfois aussi par les gouverneurs de province, mais en ce cas ils n'ont ni la même solennité, ni la même authenticité que les premiers. Les *Baturu* (mandchou «brave») forment une classe à part, une sorte de *légion d'honneur* ou d'*ordre de mérite*. Ce titre est donné pour exploits de guerre. Les *Baturu* ont, en outre, le droit de porter une plume de paon et d'ajouter à leurs noms un autre qualificatif également concédé.

Ceux qui sont morts à l'armée, mais de maladie, auront une rétribution allant de 25 à 15 yans d'argent. Si, en outre, ils se sont distingués par leur bravoure et leur conduite, ils obtiendront une élévation de titre pour eux et leurs fils, une fois. Les *Baturu* auront 8 yans d'argent.

(Fol. 22.) Le décret suivant leur accorde comme récompense, outre la fourniture des provisions de bouche, une tablette d'argent, une fleur à porter attachée à l'habit et une robe de soie rouge.

(Fol. 23.) Ceux qui auront arrêté les voleurs et fait cesser leurs exploits seront avancés d'un grade par le commandant général ou le gouverneur. S'ils y ont réussi plus d'à moitié, ces hauts fonctionnaires les encourageront et les récompenseront comme il convient.

(Fol. 24.) Le décret suivant charge les autorités locales de punir les voleurs, brigands du désert[1], Miao-tze ou Kurokin, qui ravageraient les pays où il n'y a pas de magistrat officier de tribu. Ceux qui tarderaient de le faire doivent être destitués; s'ils nourrissent les voleurs et se font leurs complices, ils seront arrêtés et punis sévèrement.

S'il s'est formé des bandes de deux cents, de sep-

---

[1] Troupes de brigands habitant les lieux déserts et n'appartenant à aucune tribu spéciale. Les Miao-tze sont une des tribus sauvages que les Chinois ont trouvées sur le sol du Pays des Fleurs et que rien n'a pu détruire. Déjà au Shouh-king nous les voyons révoltés et châtiés.

tante ou de soixante voleurs qui infestent les villes, les chemins, le magistrat qui ne l'aura pas empêché sera destitué [1]. S'il n'a pas fait tous les efforts requis, il sera abaissé de deux rangs ou d'un rang selon son grade. Si le nombre des brigands n'est pas considérable, on donnera au magistrat un délai pendant lequel il devra les avoir fait disparaître. Si alors il ne les a pas arrêtés, il sera descendu d'un rang.

Lorsque des voleurs du désert, Miao-tze ou Ku-rokin, se seront emparés d'une ville, d'une forteresse et auront pillé, brûlé ses magasins, tous les officiers préposés à leur garde seront destitués; le commandant général sera descendu de deux grades, ainsi que le ti-tuh. Il en sera de même si ces brigands ont brûlé, pillé une ville ouverte, un village, emmené prisonniers des hommes ou des femmes et causé des dommages.

Mais, en appliquant le châtiment, on tiendra compte des mérites antérieurs.

(Fol. 31.) Les autorités préposées aux tribus non chinoises ne pourront envoyer dans une autre province des gens de leur région, soit pour affaire de l'État, soit pour conduire des voleurs et des fugitifs, avant d'en avoir obtenu l'autorisation par écrit du

---

[1] Pour prévenir les troubles et les complicités, comme aussi la simple négligence, les lois chinoises punissent le fonctionnaire dans le ressort duquel il se sera élevé des émeutes, troubles, actes de brigandage, etc. Un magistrat doit tout prévoir et prévenir. Bien plus, sa gestion doit être telle que personne n'ait la pensée de troubler la paix publique. S'il en est autrement, la faute en est au magistrat.

général commandant et du gouverneur de leur province, qui devront en informer les mêmes autorités de l'autre province[1]. Lorsque ces gens auront fini leur affaire, on ne peut leur accorder aucun délai. S'il est manqué aux conditions indiquées, les délinquants devront être punis et les fonctionnaires, de plus, destitués.

Le décret suivant a pour but de protéger les gens des tribus contre les Chinois fourbes et plus habiles qui pénètrent chez ces peuples pour les tromper ou exciter des troubles. Ces Chinois seront punis d'exil. Le magistrat qui ne les poursuivra pas avec zèle descendra d'un grade et sera privé de ses rations d'un an; s'il a connu les actes criminels et a laissé les coupables en liberté, il sera destitué.

S'il ne sait point découvrir et convaincre les coupables, il descendra d'un rang. Si un officier d'une tribu pénètre et circule à sa fantaisie, sans autorité, dans une autre province, qu'il soit dénoncé par les autorités supérieures ou par un particulier. Le commandant de sa région sera puni d'une peine grave.

Les derniers décrets édictent également des peines contre les auteurs des crimes et des délits indiqués ci-dessus. Cela ne présente que peu d'intérêt. Bornons-nous à reproduire le décret final.

Les officiers des camps du Kouei-tcheou, qui dans

---

[1] Pour prévenir les complots, les révoltes faites de concert, on parque les tribus aborigènes sur le territoire qui leur a été laissé et l'on interdit les communications entre elles.

l'espace d'un an auront arrêté des malfaiteurs de
Miao-tze qui vendent des hommes les mains liées,
obtiendront les distinctions suivantes : pour quinze
bandits arrêtés, une mention honorable simple[1] : pour
trente, une mention double ; pour quarante-cinq,
une triple. Pour soixante bandits arrêtés, ils seront
avancés d'un grade. Les mentions augmenteront avec
le nombre des arrêtés. S'il arrive au chiffre de cent
vingt, ils seront avancés de deux grades, et ainsi de
suite en suivant la progression.

Si les autorités du lieu des méfaits ne savent pas
saisir les criminels et que ceux-ci soient pris en une
autre région par des mandarins civils ou militaires,
pour cinq hommes ainsi arrêtés on retirera les rations
et provisions d'un an[2]; pour dix arrestations, celles
de deux ans ; pour vingt hommes ainsi échappés à
leurs mains, les officiers négligents ou maladroits
perdront deux rangs ; pour cinquante, ils seront
destitués.

Quant aux officiers qui les ont arrêtés, après une
enquête et un procès conduit avec vigilance et le
renvoi des criminels devant le juge, on les récom-
pensera de mentions en rapport avec le nombre des
coupables saisis.

Si l'officier qui les a arrêtés commet une fraude

---

[1] Ces mentions se font dans les rapports aux autorités supérieures,
dans les proclamations au peuple. Le magistrat ainsi mentionné
ajoute à son nom, dans ses propres édits, etc., « mentionné tant de
fois, de telle manière », et signe de la même manière dans les actes
publics.

[2] Aux autorités en défaut.

dans son rapport et en annonce un grand nombre, alors qu'il n'y en a que peu, il sera destitué. Si c'est un ti-tuh ou un commandant général, il perdra deux grades; s'il a arrêté d'honnêtes gens, sous prétexte de saisir des coupables et pour se faire récompenser, il sera jugé et puni comme les brigands qui molestent les gens intègres et inoffensifs.

Je crois que ces extraits donneront une idée complète du recueil; on comprend que des règlements de cette espèce n'étaient point faits pour préparer les troupes chinoises à repousser les attaques des armées européennes, bien moins encore à en triompher.

Ajoutons seulement à ce qui précède la liste des titres dont il est question ci-dessus, p. 94.

D'après les idées chinoises, les âmes des défunts restent en relation indéfinie avec les vivants; les titres qui leur sont conférés sur la terre les honorent et les réjouissent dans l'autre monde. En outre, le fils du Ciel, en cette qualité même, a juridiction sur eux. Après la mort, il accorde généralement aux défunts qui se sont distingués en ce monde un titre posthume appelé *hoei*. En outre, dans des cas particuliers, il leur décerne des titres honorifiques et des honneurs spéciaux.

Ceux dont il est ici question sont au nombre de neuf, divisés en deux catégories, appelées en mandchou : *ulhibure fungnehen* et *tacibure fungnehen* [1].

La première classe comprend les cinq premiers titres; la seconde, les quatre derniers. Chaque titre, comme tout grade, est double et a un premier et un second rang. En outre, les cinq premiers titres forment trois sous-classes ainsi réparties : 1-2, 3-4, 5, et les quatre derniers, deux sous-classes également partagées.

---

[1] Qui donne l'intelligence, qui instruit.

1re CATÉGORIE, *ULHIBURE*.

1re Classe.

1er rang. *Kong, Heou* et *Pe*[1]. Général illustrant la puissance.

2e rang. Officiers généraux de premier rang. Général agrandissant la puissance.

Les épouses principales de tous ces grands dignitaires ont pour titre : Épouse sincère et juste de 1er rang.

Ces titres sont héréditaires pour trois générations.

2e Classe.

2e rang supérieur......... Général qui agrandit la puissance.

— inférieur......... Général puissant et méritant ou qui mérite bien de la puissance.

Épouses principales....... Épouses sincères et justes.

3e rang supérieur....... Capitaine puissant et juste.

— inférieur......... Capitaine qui seconde la puissance.

Épouses principales...... Épouses sages.

NOTA. Conférés pour deux générations avec titre posthume.

3e Classe.

4e rang supérieur....... Capitaine qui fait briller la puissance.

— inférieur......... Capitaine qui fait paraître la puissance.

Épouses principales ...... Épouses fidèles.

---

[1] Ces anciens titres de principautés feudataires ne sont plus ici qu'honorifiques. On les a comparés à nos ducs, marquis et comtes. Comparaison des plus impropres.

5ᵉ rang supérieur........... Officier vertueux et digne.
— inférieur......... Officier qui seconde la vertu
    digne.
Épouses principales...... Épouses bienveillantes.

Nota. Conférés pour une seule génération avec titre posthume.

2ᵉ CATÉGORIE, *TACIBURE FUNGNEHEN.*

6ᵉ rang supérieur........ Officier digne et habile.
— inférieur......... Officier qui seconde le digne et
    habile.
Épouses principales....... Épouses bonnes et douces.
7ᵉ rang supérieur........ Officier digne et sûr.
— inférieur......... Officier auxiliaire digne et sûr.
Épouses principales....... Épouses soumises.

Nota. Pour une génération titre posthume.

8ᵉ rang supérieur........ Officier digne et fidèle aux lois.
— inférieur......... Officier auxiliaire digne et fidèle
    aux lois.
9ᵉ rang supérieur........ Officier intègre et digne.
— inférieur......... Officier auxiliaire intègre et
    digne.

Nota. Ces quatre derniers titres sont exclusivement per-
sonnels. Il n'y en a point de correspondant pour les épouses
de ces officiers, ni de titre posthume pour ceux-ci.

Imprimerie nationale. — Février 1889.

www.ingramcontent.com/pod-product-compliance
Lightning Source LLC
LaVergne TN
LVHW050319030726
842520LV00005B/1671